СУТЬ ДЕЛА

ТЕАТРАЛЬНАЯ ПЬЕСА

Чтобы посмотреть театральную пьесу :
СУТЬ ДЕЛА

Пожалуйста, используйте QR-код.

Доктор Султан бин Мухаммад аль-Касими

СУТЬ ДЕЛА

ТЕАТРАЛЬНАЯ ПЬЕСА

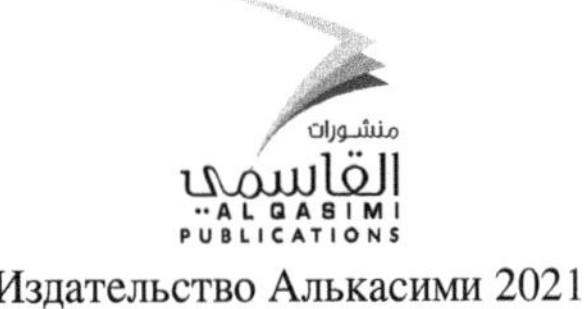

Издательство Алькасими 2021

СУТЬ ДЕЛА
Доктор Султан бин Мухаммад аль-Касими
Первое русское издание, 2021

Издательство аль-Касими
Шарджа, ОАЭ

Перевод: Доктор Асим Альхалифа
Редакция: Куряев Юсеф Гаязович

Разрешение на печать: Национальный Совет по СМИ, Абу Даби, ОАЭ
Номер: MC-03-01-7610453, Дата: 15-07-2021

Шарджа, ОАЭ
Возрастная классификация: E
Возрастная группа, совпадающей с содержанием
книги, квалифицированной с возрастной классификацией,
изданной Национальный Совет по СМИ
ISBN: 978-9948-406-38-9

Публикация Аль-Касими
п/я: 64009 Шарджа, ОАЭ
тел: +971 6 509 0000 факс: +971 6 552 00 70
ЭП: info@aqp.ae

СОДЕРЖАНИЕ

Введение

В моем прочтении истории арабского мира мне стало ясно, что все то, что произошло в прошлом наблюдается и в настоящем. История

прошлого повторяется...

Таким образом, я написал данную театральную пьесу с позиции этой прискорбной реальности. Все имена персонажей, места и действия в этой пьесе реальные. Каждая фраза в этом тексте ясно отражает все то, что происходит в арабском мире...

Доктор Султан бин Мухаммад аль-Касими

Театральные Персонажи

(по порядку появления на сцене)

- Очевидец исторических событий;
- Правдоискатель;
- Король племени потомков Самадиха *(Король Мирии);*
- Король племени потомков Зири *(Король Гранады);*
- Король племени потомков Амира *(Король Валенсии);*
- Король племени потомков Джахура *(Король Кордовы);*
- Король племени потомков Аббада *(Король Севильи);*
- Король племени потомков Мазьяна *(Король Силвиша);*

- Король племени потомков Муджахида *(Король Дении)*
- Король племени потомков Зиннуна *(Король Толедо)*
- Король племени потомков Худа *(Король Сарагоса);*
- Король племени потомков Аль Афтас *(Король Бадахоса);*
- Король племени потомков Хаммуда *(Король Зеленого острова и Малаги);*
- Король племени потомков Барзаля *(Король Кармоны);*
- голос из-за кулис;
- Юсуф бин Ташфин;
- Ибн Аббада;
- вельможа 1;
- вельможа 2;
- Король Фердинанд;
- Абу аль-Гассан;
- Саид Рами;
- Камердинер;
- Глашатай;
- Министры;
- Жительница Башрата;
- полководцы;
- солдаты;

- свита Короля;
- вельможа 3;
- солдат;
- судья –инквизитор;
- священник;
- шейх мусульман;
- мусульмане (1-6 чел.);

Первый Акт

Первая Сцена

Занавес открывается. Видна площадь, по краям которого развешены разноцветные флаги государств. Из-за кулис выходит худощавый мужчина в оборванной одежде. Он оглядывается вокруг себя и разглядывает флаги. На сцену выходит пожилой мужчина с длинной бородкой, с тростью в руках и с большой книгой подмышкой. Мужчина в оборванной одежде олицетворяет человека, ищущего правду. Пожилой мужчина с бородкой олицетворяет очевидца прошедших исторических событий.

Правдоискатель:

О уважаемый шейх! Ты судья?

Очевидец:

Почему ты спрашиваешь?

Правдоискатель:

У меня проблема?

Очевидец:

О сынок! Я же очевидец!

Правдоискатель:

Очевидец в суде?

Очевидец:

Нет! Я очевидец истории.

Правдоискатель:

А что у тебя в руках?

Очевидец:

История.

Правдоискатель:

А чем она полезна, история?

Очевидец:

В ней великая польза!

Правдоискатель:

Скажите мне, как можно с пользой использовать историю?

Очевидец:

Некоторые люди не читали её, историю, и не смогли найти пользы в ней... Другие читали её, но не поняли, и, таким образом, она не была полезна им… Некоторые читали и поняли, но они не использовали ее на практике и, таким образом, она им тоже не была полезна... А есть люди, которые ее читали, усвоили и использовали. Этим людям история была полезна... А ты из какого типа этих людей?

Правдоискатель:

А я хочу быть в числе последних. Хочу ее читать, понять и работать с ней, потому что у меня проблема.

Очевидец:

Тогда, давай, будем читать её вместе.

Очевидец положил книгу на стол, вокруг которого стояли два стула. Очевидец и Правдоискатель сели за стол, и Очевидец начал читать историю из этой книги...

Очевидец:

История Рима!

Правдоискатель:

Нет, нет! Это нас не касается.

Очевидец:

История Персии!

Правдоискатель:

И это тоже нет!

Очевидец:

История арабов в Андалузии!

Правдоискатель:

О Аллах! О Аллах! О Аллах! Послушаем певиц и мугамы.

Очевидец *(ударяя по книге)*:

Это история нации и её страдания.

Правдоискатель со страхом стал оглядываться по сторонам.

Очевидец:

Не бойся! Это история.

Правдоискатель:

Знаю! Знаю! Тогда расскажи мне об этом! Пусть Аллах поможет тебе!

Очевидец читает историю с книги.

Очевидец:

В Андалузии было великое Арабское государство. Оно разрушилось, когда разошлись по мнениям в Доме Омейядском в начале 11 века. Таким образом их государство было раздроблено на 12 частей, и они были известны как 12 общин.

Затемнение на сцене.

Вторая Сцена

Раздается трехкратный стук. Затем голос за кулисами говорит.

Голос:

Короли общин!

Короли выходят на сцену.

- Король племени потомков Самадиха *(Король Мирии);*
- Король племени потомков Зири *(Король Гранады);*
- Король племени потомков Амира *(Король Валенсии);*
- Король племени потомков Джахура *(Король Кордовы);*
- Король племени потомков Аббада *(Король Севильи);*

- Король племени потомков Мазьяна *(Король Силвиша);*
- Король племени потомков Муджахида *(Король Дении)*
- Король племени потомков Зиннун *(Король Толедо)*
- Король племени потомков Худа *(Король Сарагоса);*
- Король племени потомков Аль Афтас *(Король Бадахоса);*
- Король племени потомков Хаммуда *(Король Зеленого острова и Малага);*
- Король племени потомков Барзаля *(Король Кармоны);*

На сцене шум разговоров... Король Ибн Самадих (Король Мирии) выдвигается из толпы и говорит.

Ибн Самадих:

Вы наследники Зирии правили Гранадой. И именно вы начали нападать на наши земли. Вас ослепило высокомерие от того, что у вас больше населения и много земель. А мы вас не боимся и у нас есть поддержка.

Король Гранады:

А что вы имеете в виду под поддержкой? Вы будете обращаться к нашим врагам и врагам Ислама?!

Клянусь Аллахом, что мы не боимся вас и тех, кто вас поддерживает!

Голос за кулисами:

О потомки Амира! А что мы будем делать, если Король потомков Джахура, управляющий Кордовой попытается захватить нашу Валенсия и присоединить к своему королевству. Мы живем в этой местности раньше них.

Выдвигается на сцену Король племени Джахур.

Король племени потомков Джахура:

Валенсия не считается государством. А вы достойны быть Королем? А вы Король племени?

Он оглянулся на Короля племени Хамуд и говорит.

Король племени потомков Джахура:

Послушайте, сын Хамуда... Если ваше племя действительно находится на побережье, и вы будете контролировать импорт товаров, установив высокие налоги, а мы будем лишены возможности выхода в море, то тогда мы имеем полное право оккупировать вашу землю для прорыва в море.

На сцене высокопоставленные люди оживленно ссорятся между собой. В этот момент на сцену выходит солидный мужчина с мечом в руках и ругает толпу.

Мужчина с мечом:

Хватит! Хватит! Вы тут дерётесь, а враг приготовился напасть на вас поочередности. Никто из вас не может в одиночку сопротивляться врагу. Ваша сила – в вашем Союзе... Ваша сила – в отсутствии разногласий между собой. Ваша сила – в вашем сотрудничестве между собой во всех областях, приносящих пользу всем вам... Будьте уверены, что ваш враг не прекратит грабить вас, оккупировать ваши земли, если не будете вместе и не объявите «джихад». К сожалению, в настоящее время вы разобщены, воюете друг с другом, а враг затаился перед броском на вас поочередности... Будет большой ошибкой, если будем сдаваться, отдавать наши земли или покидать родину... Нет! Я посоветовался с улемами и с уважаемыми людьми. Они все поддерживают меня и готовы защищать Андалузию, бороться ради ее единства и славы. За вами очень великая нация – нация Ислама. Мусульмане будут верны нам, если мы будем верны самому себе, будут помогать нам, если найдут в нас стойкость на «джихад» и на убеждения. Давайте будем крепки как стена, покажем нашу силу, чтобы напугать нашего врага и врага Аллаха.

Все Короли племен потомков вместе подхватили кресло и подставили его для Юсуфа бин Ташфина, а один из Королей сказал.

Один из Королей:

О братья! Я раньше был в союзе с Королем

Гашталя против всех моих братьев. А сейчас я объявляю вам, что глубоко сожалею об этом, потому что Альфонс угрожал и нарушил все мои соглашения с ним. Еще он угрожал всем моим братьям по религии. В связи с этим я объявляю свое присоединение к вам, так как вы объединяете все королевства. Я не хочу наводить проклятие на себя этим союзом с врагом. О Аллах! Я предпочитаю присоединиться к Султану Юсуфу бин Ташфину и заботиться о его верблюдах, чем быть в услужении корыстного Короля христиан. Быть погонщиком верблюдов лучше, чем пасти свиней. Мы все с вами.

Юсуф бин Ташфин отвечает.

Юсуф бин Ташфин:

Теперь мы сможем бороться с врагами после объединения королевств. О Солдаты! Идите со мной на врага! Пойдем на Залляка!

С этими словами он выходит со сцены.

Затемнение на сцене.

Третья Сцена

Правдоискатель обращается к очевидцу.

Правдоискатель:

А кто это?

Очевидец:

Это Юсуф - объединитель двух государств.

Правдоискатель:

Юсуф Салахуддин?

Очевидец:

Это Юсуф бин Ташфин – глава альморавидов[1]. Он объединил Андалузию, затем присоединил его к Магрибу. Он победил испанцев в сражении в Залляке.

1- Альморавиды (ар. аль-мурабитун – стоящие на страже) - название династии и государства в Северной Африке (1050 - 1146).

Правдоискатель:

А что случилось с альморавидами?

Очевидец:

Их уничтожили альмохады[1]!

Правдоискатель:

Альмохады?!

Очевидец:

Да! Они мусульмане на словах, а в действительности на деле они лицемеры. Из-за их плохого поведения большая часть Андалузии отошла от мусульман, и осталось только Королевство племени Альахмар.

Правдоискатель:

Племена Альахмар остались наедине со своими врагами?

Очевидец:

Да! И на долгое время, пока не наступит мир.

Правдоискатель:

Мир?!

Очевидец:

Да! Так написано в истории.

Правдоискатель:

А что случилось с племенем Ахмар?

1- Альмохады (ар. аль-муваххидун – «единобожники») - название династии и государства в Северной Африке (1146 - 1269).

Очевидец:

Давайте пройдемся по истории, чтобы узнать о случившемся.

Затемнение на сцене

Второй Акт

Первая Сцена

Освещение на сцене.

Место действия:

Дворец Аль-Хамра, Гранада, Андалузия.

Время действия:

Месяц Мухаррам, 798 г. по Хиджре, ноябрь 1491 г по Григорианскому календарю.

Вид:

Приемная Абу Абдалла Альсагир (младшего) во дворце Альхамра: по залу разгуливают вальяжно полководцы, вельможи, дворцовые работники. Все они ведут светские разговоры, собираясь по 2 или 3 человека. У всех лица озабочены.

Один из вельмож спрашивает.

Вельможа 1:

Где Король Абу Абдалла?

Вельможа:

Он готовится ко встрече с посланником вражеской Испании.

Вельможа 1:

Вся наша беда из-за этого проклятого дьявола, его друга министра Гумейха – предателя. На кого еще он сейчас будет играть?

Вельможа:

Он играет на самого большого - на Короля.

Вельможа 1:

Нет Мощи и Силы ни у кого, кроме Аллаха, Могучего, Мудрого!

Абу Хасан:

Прошу вас хорошо подумать до соглашения. Я призываю вас твердо стоять за нашу религию, за нашу Родину. Я готов быть первым Шахидом (мусульманин, отдавший свою жизнь ради Аллаха), чем сдаваться в плен и остаться живым, причем, оставаться униженным и оскорбленным.

Саид Рами:

О Абу Хасан! Наш государь, Король издал указ о формировании из нас и из вельмож Гранады делегации для поездки к Его Величеству Королю Фердинанду с целью заключения мирного соглашения с ним.

Абу Хасан:

Это не будет мирное соглашение, а это будет выглядеть как сдача своих позиций. О Мусульмане! Я прогнозирую, что вы будете первыми изгнанниками и эмигрированными со своей страны. Не обманываете себя в том, что ваша дорога – это дорога потерь. Будьте уверены в том, что у нас нет выбора, кроме как бороться за свою землю. Если мы потеряем ее, землю, то останемся без имени и без Родины.

Затемнение на сцене и музыка.

Вторая Сцена

Освещение направлено на персонажей Очевидца и Правдоискателя.

Правдоискатель:

Что случилось?

Очевидец:

Случилось то, что министры и высокопоставленные особы поехали вести переговоры с испанцами. Когда они вернулись, с ними приехал человек по имени Зафра, который привез официальные документы двух испанских католических королей, чтобы они были подписаны нами на их условиях. Король Абу Абдалла Альсагир (младший) получил эти официальные документы от Зафра для ознакомления и подписания.

Затемнение на сцене и музыка

Третья Сцена

Дворец Аль-Хамра. Король провожает Зафру, прощается с ним. Зафра в ответ кланяясь Королю, выходит спиной со сцены. Присутствующие министры, полководцы стояли полукругом возле Короля.

Король:

Знаете, что хочет Зафра от этой встречи?

Он нам предлагает мирное соглашение между нами и испанцами, а я лично не согласен на такой мир. Поэтому сегодня я собрал вас узнать ваше мнение по этому предложению испанцев.

Абу Хасан:

А нам разрешается ознакомиться с этим договором?

Король:

Да! В первом пункте соглашения говорится:

Король стал зачитывать этот документ.

Король:

«...Король Гранады, его министры, полководцы, высокопоставленные лица, муфтии, улемы, чиновники должны в течении 60 дней начиная с 25 ноября 1491 года по Григорианскому календарю сдать свои полномочия и власть Альхамры и Беазин, в том числе все ворота и башни названных городов передать Его Высочеству Королю Фердинанду и Её Высочеству Королеве Изабелле.

Абу Хасан возмущается.

Абу Хасан:

Мой повелитель! Это не мир, а капитуляция!

Один из вельмож с гневом кричит и возмущается. Его зовут Абу Касим бин Малик.

Абу Касим бин Малик:

А ведь мы в настоящей блокаде.

Абу Хасан:

Пусть будет блокада. Но мы будем сопротивляться им долгое время.

На авансцену выдвигается один из вельмож по имени Ибн Сари и говорит.

Ибн Сари:

Мы будем голодать и наши дети умрут.

Абу Хасан:
Рынок полон продуктами.

Абу Касим:
К вашему сведению, Абу Хасан! Наши зерновые запасы на исходе. У нас в настоящее время блокада, а в нашем городе живут около 200 тыс. жителей. Все они требуют хлеба.

Король:
Тогда скажите мне, что теперь надо делать?

Абу Касим:
У нас, у вельмож Гранады, нет выбора, кроме как подчиниться.

Король:
Не сдаюсь, но все таки подпишу мирное соглашение.

Абу Хасан:
Прошу Ваше Высочество разрешить сказать, что пока рано сдаваться и подписывать мирное соглашение. Наши запасы пока не исчерпаны, да и Египет готов нам помочь.

Абу Касим:
Скажи мне, ради Аллаха, как эта помощь может дойти до блокированной Гранады? Как мы это выдержим?

Абу Хасан:
С оружием!

На авансцену выдвигается вельможа по имени Саид Рами и говорит.

Саид Рами:

Откуда у нас возьмется оружие?

Абу Хасан:

Оружие каждый день привозят в Гранаду, и мы достанем их через самих испанцев.

В этот момент выходит королевский камердинер и объявляет.

Камердинер:

Её Величество Мать Короля!

Мать Короля выходит на сцену с сердитым лицом, смотрит на своего сына, Короля, и с возмущением обходит его.

Мать Короля:

Сдаешься?! Сдаешься?!

Король:

Нет мать! Я интересуюсь мнением глав моей свиты.

Мать Короля:

А кто эти главы?! Эти?!

Мать Короля указывает пальцем на Малика с презрением.

Мать Короля:

Кто?! Абу Касим бин Малик?!

Потом она указывает на Ибн Сари.

Мать Короля:

Кто?! Ибн Сари?!

Потом она указывает на Саида Рами.

Мать Короля:

Кто?! Саид Рами?!

Потом она смотрит на своего сына Короля.

Мать Короля:

А где твой дядя, твой защитник? Конечно, его убили грязными руками, чтобы открыть дорогу для подписания этого документа капитуляции в этот несчастный час. Я предвижу, что Альхамра будет мрачной, пустынной без света. Ах! Как больно! Свет Альхамры угасает.

Мать Короля, уходя, с гневом повторяет эти слова, оставляя за собой эхо своих слов. В это время присутствующие полководцы провожали её с приспущенными взорами, а указанные ею три министра стояли дрожа от гнева. Они выдвигаются вместе в направлении Короля и говорят ему.

Абу Касим, Ибн Сари, Саид Рами:

Лучше сдаться, чем потерять все свое богатство!!

Король:

Нет! Не будем сдаваться! А подпишем мирное соглашение с испанцами. Дайте мне дочитать соглашение до конца!

Король продолжает дочитывать соглашение.

Король:

«...после сдачи башен крепости, Его Величество Король Фердинанд и Её Величество Королева Изабелла приказали запретить христианам подниматься на башни крепости, чтобы они не могли глазеть на мусульманских женщин в их собственных домах. Всех ослушавшихся решено подвергнуть строгим наказаниям.»

Один из вельмож:

Клянусь Аллахом! Эти люди очень уважаемы!

Король продолжает читать текст соглашения.

Король:

«...за день до сдачи башен крепости города Альхамра Король Гранады Абу Абдалла должен сдать Королю Испании 500 юношей и девушек из высшего сословия в качестве гаранта; отношение к мусульманам должно быть лояльным, уважая их традиции и обычаи. А полководцам и улемам сохраняются их права и привилегии, как было во времена Абу Абдалла; судебные дела мусульман рассматривают только мусульманские суды по закону Шариата; в случае замужества христианки за мусульманином и принятии ею Ислама, запрещается возвращать обратно в христианство её без ведома самой женщины; в случае принятия Ислама мужчиной или женщиной до выхода этого соглашения, запрещается угрожать им любыми способами, в противном случае виновные предстанут перед законом.

Абу Абдалла:

Пунктов этого соглашения много, а вы сможете их просмотреть до подписания соглашения?

Король подзывает к себе полководца Абу Касима Альмалика.

На сцену выходит мужчина с кипой бумаг в руках.

Король:

Пойдем со мной!

Оба они входят в какое-то помещение, где их ожидали вельможи.

Вельможа 1:

Абу Хасан! Что за бумаги?

Вельможа 2:

А это секретное приложение к главному соглашению. Основой её содержания является перечень особых прав и полномочий, данных Королю Гранады Абу Абдалле, его семье и окружению.

Абу Хасан:

А нам разрешается ознакомится с этим приложением?

Вельможа 2:

Нет! Не разрешается!

Вельможа 3:

Как ты предполагаешь, что написано в приложении?

Вельможа 2:

Всевышний Аллах только знает.

Затемнение на сцене.

Четвертая Сцена

Луч света прожектора направляется на место подписания соглашения. Виден стол. На столе лежит соглашение, а вокруг стола три кресла. Одно кресло для Короля Абу Абдалла, второе кресло для Короля Фердинанда, третье - для Королевы Изабеллы. По краям с обоих сторон стола были расставлены стулья для высокопоставленных лиц. Ответственные лица выходят на сцену и рассаживаются на стульях.

Голос глашатая из-за кулис.

Голос глашатая:

Король Гранады Абу Абдалла Альсагир!

Абу Абдалла выходит на середину сцены.

Голос глашатая:

Король Испании Фердинанд и Его жена Королева Изабелла!

Они выходят на середину сцены.

Голос глашатая:

Папа Римский! Покровитель церемонии заключения мирного соглашения!

Папа Римский выходит на сцену и занимает место между Королем Абу Абдалла и Королем Испании Фердинандом. Все они выдвигаются к столу. Папа Римский в знак своего покровительства вежливо усаживает Короля и Королеву Испании за стол. Началась церемония подписания соглашения под аплодисментами присутствующих.

Голос за кулисами:

Подпиши... не подписывай ...Сила над законом... Контекст очень изящен... А обещания щедры... Подпиши ....Возможна аферистическая манипуляция слов... Не подписывай... Плохие манеры... Подпиши... Не подписывай... Подпиши...

Две стороны подписали соглашение и обменялись официальными документами. Далее последовало рукопожатие с обеих сторон и поздравления. После этого главные действующие лица разошлись по сторонам сцены. Король Фердинанд дает подписанные официальные документы одному священнику и шепчет что-то на ушко.

Священник:

Мои господа! Чего вы ждете? Спешите сдать ключи города!

Двое носителей на специальных подушечках поднесли Королю Фердинанду ключи города. В этот момент один из Арабских вельмож разрыдался, и он быстро вышел повторяя:

«Нет Мощи и Силы ни у кого, кроме Аллах, Могучего, Мудрого».

Король Фердинанд, размахивая связкой ключей в знак победы, целовал их от радости и передал связку Королеве Изабелле. Священник, проходя мимо Короля Фердинанда, встретился с ним взглядом и сказал присутствующим:

Священник:

Господа! Чего вы ждете? Уходите отсюда! У кого нет ключей, тому нет места здесь!

Затемнение на сцене.

Пятая Сцена

Освещение заднего занавеса.

В этот момент начинается сильное столпотворение и беспорядок. На фоне этого слышна абстрактная музыка, соответствующая происходящим действиям.

Затемнение сцены

Третий Акт

Первая Сцена

В спальне Абу Абдаллы. Он собирает свои вещи. Входит его мать и спрашивает.

Мать Абу Абдаллы:

Ты куда собираешься, Иншаллах (Если Аллах разрешит)?

Абу Абдалла:

В Магриб.

Мать Абу Абдаллы:

В Магриб?! Так запросто оставляешь свою Корону и Корону своих предков?! Оставляешь наследство арабов и мусульман? И сдаешься?!

Абу Абдалла:

В моих руках ничего нет. Вокруг меня слишком опасно.

Мать Абу Абдаллы:

Ты должен был заранее знать об опасностях, угрожающих твоей Короне и исходящих от жестокого врага. Ты должен был об этом знать заранее, когда ты еще был у власти, сидя в своем крепком дворце. Опасности было не меньше, когда ты сидел в своем недоступном дворце, чем сидя в палатке на поле боя. «Ля Хавля Вааля Куватта Илля Билляхи» *(«Нет Мощи и Силы ни у кого, кроме Аллаха, Могучего, Мудрого»)*. Я свободная Айша! Я Королева - Мать, жена Короля и Мать нынешнего Короля! Я свободная женщина. Я была дорога для своего народа, и мой народ мне очень дорог! И моя нация самая лучшая нация, сотворенная Всевышним Аллахом! Смотри на меня! Какой ты видишь меня теперь? Конечно, я сломлена и растеряна... Теперь я вынуждена жить в ссылке...

Абу Абдалла:

Что я не сделал такого, что можно было сделать?

Мать Короля:

Вокруг тебя были арабы. Они посылали к тебе раньше разные делегации. Но ты их всех игнорировал и тайно встречался с Зафрой. Ты всех игнорировал и не послушался искренних, сдавал врагу оружие. А что у тебя осталось сдать врагу? Как будто дело касалось только тебя и никого другого. Ты вел королевские дела сам, не спрашивая ни у кого. Где кровь Шахида (мусульманин, отдавший жизнь ради Аллаха)? Где сироты? Дело не только в Гранаде. Это дело всех мусульман. Было бы лучше собрать искренних людей вокруг себя, духовно укрепиться с ними. Было бы лучше дать руку всем мусульманам, посоветоваться, поделиться с ними, дать им возможность участвовать в деле. Подписывать соглашение о войне или мире нужно с позиций силы. Подписывай соглашение тогда, когда ты уверен в сохранении своих прав. Подписывай тогда, когда твое достоинство сохранено. Не подписывай пока ты не уверен, что сохранено твое достоинство. Исходя из вышеизложенных фактов подписывай, и не важно, что мирное соглашение вошло в силу или нет.

Король Абу Абдалла стал плакать.

Мать Короля:
Плачешь? Успокойся! Запомни, что мужество – это характерная черта поведения королей, принцев из мусульман - арабов, которым не подходит проявлять слабость, растерянность, как это делают невежественные люди.

Слышно сильное рыдание Короля Абу Абдаллы.

Мать Короля:

Да! Плачь, как плачут женщины! Ты не сохранил Корону как настоящий мужчина!

Затемнение на сцене.

Вторая Сцена

После отъезда Абу Абдаллы из Гранады.

Голос из-за кулис:

Прошли тяжелые времена для Гранады, и город все это время стонал под игом.

Группа граждан сопротивления, затаившихся от тирании власти, ждали жительницу из Башрата[1]. Когда эта женщина появилась среди них, она узнала их и стала вспоминать имена.

Жительница Башрата:

Ахмед. Мухаммед. Абдалла. Приветствую вас, дорогие мужчины из сопротивления!

1- Башрат - Альпуха́рры (по-испански Las Alpujarras, по-арабски - альбушарат البشرات al-bušarāt) - так называются в Верхней Андалузии или Гранаде со времен арабского владычества многочисленные долины, окружённые крутыми уступами сильно разветвляющихся южных Известковых Альп, или боковых ветвей Сьерры-Невады.

Один из мужчин снял со своего лица маску и сказал.

Ахмед:

Как вы узнали меня, о жительница Башрата?

Жительница Башрата:

Жительница Башрата?! Так вы назвали?

Мухаммад:

Да! Мы назвали тебя за ваш подвиг в битве за Башрат!

Жительница Башрата:

О! Для меня это большая честь быть связанной с Башратом. Это была самая жестокая битва между нами и врагом, у которого в этом сражении было пролито очень много крови.

Абдалла:

Клянусь Аллахом, в этой битве каждый из нас представлял целую армию. А вы, жительница Башрата, сыграли великую роль!

Ахмед:

Да! И другие женщины наряду с вами мужественно сражались в этой битве.

Жительница Башрата:

Да, я чуть не забыла вам сказать об оружии, которое привезла с собой.

Оружие представляло собой старые модели ружей, мечей и какой-то кинжал.Жительница из Башрата раздала всем оружие, а себе оставила старый кинжал.

Жительница Башрата:

Этот кинжал сохраню себе для самозащиты.

Мухаммад:

Возьмите ружье или меч.

Жительница Башрата:

Нет! Наличие ружья может вызвать подозрение у врага, а кинжал, спрятанный под одеждой можно носить без опасения. Вражеский патруль в городе ищет группу сопротивления, а власти города выплачивают денежное вознаграждение за поимку подпольщиков.

Абдалла:

А если вас поймают, вы сможете выдержать жестокие пытки и мучения? Или вы выдадите наши секреты?

Жительница Башрата:

Клянусь Аллахом, даже, если разрежут меня на мелкие куски, я не расскажу им ничего!

Слышен топот солдатских сапог.

Жительница Башрата:

Уходите отсюда, пока они не дошли до нас.

Группа мужчин сопротивления *(говорят все вместе)***:**

До свидания! Жительница Башрата!

До свидания! Жительница Башрата!

Жительница Башрата грустным голосом говорит.

Жительница Башрата:

До свидания, мои самые дорогие мужчины!

До свидания, мои кристально чистые мужчины!

Она удаляется со сцены

Затемнение.

Третья Сцена

Освещение на сцене. Испанский полководец выходит на сцену в сопровождении одного офицера и группы солдат. Солдаты занялись поиском чего-то. Офицер говорит полководцу.

Офицер:

Неужели не смогли раскрыть имена преступников?

Полководец:

Пока не смогли обнаружить ни одного. Но узнали, что их секрет находится у одной жительницы. И если мы поймаем её, то сопротивление в городе будет остановлено.

Офицер:

А почему тогда вы не смогли поймать её?

Полководец:

Информация о ней дошла до нас совсем недавно. И мы сейчас по дороге в город для её поисков.

Слышны крики одной женщины, обращенные к солдатам.

Жительница Башрата:

Оставьте меня в покое, преступники!

Оставьте меня! Оставьте меня!

Один солдат держит её за руки, а другой за волосы. Они подходят ближе к авансцене. Женщина продолжает кричать на солдат.

Жительница Башрата:

Оставьте меня! Оставьте меня!

Один солдат *(обращается к полководцу)***:**

Мой господин! Мы её нашли затаившейся за деревом!

Полководец:

Это ты, та самая женщина, о которой говорили мне? Ты так похожа по описанию на неё.

Солдаты поволокли женщину за сцену.

Затемнение на сцене.

Слышны хлесткие звуки ударов плети и вопли женщины из Башрата. Постепенное увеличение освещения сцены. Полководец расхаживает по сцене, и в этом момент выходит один солдат из-за кулис на сцену.

Солдат:

Она сказала, что скажет все секреты.

Полководец:

Приволоките её ко мне, немедленно!

Солдаты приволокли женщину к полководцу. Её руки были связаны, а сама тихо стонала.

Полководец:

Вы будете признаваться? Давайте признавайтесь! Это вас избавит от мучений и пыток.

Жительница Башрата:

Прикажите своим солдатам развязать мне руки. Я вам скажу все.

Солдаты развязали ей руки.Женщина из Башрата делает вид, что приводит себя в порядок, и вытаскивает из-под пола кинжал. Она выдвигается вперед на авансцену, публично быстро срезает свой язык и бросает в лицо полководца. Кровь фонтаном разбрызгивается на сцене. А сама жительница Башрата стала в безумном порыве от боли кружиться по сцене с открытым ртом. Обезумевшая от горя и боли женщина стала кричать голосом немого человека.

Полководец:

Уберите её по дальше от меня!

В этом момент священник выходит на сцену,

видит кровоточащую женщину из Башрата и говорит.

Священник:

Что это такое?

Полководец:

Она срезала свой язык, чтобы не смогла сообщить свои секреты. О Гранада! Я тебя сделаю образцом для всех мусульман! Буду жестоко убивать, резать, сжигать! От вас никого из мусульман не оставлю.

Священник:

Это большой грех убивать человека без причин.

Полководец:

У меня есть тысячи причин. О солдаты! Идите в Гранаду! Пригоните ко мне всех, кого вы встретите на своем пути!

Солдаты убегают со сцены.

Священник:

Я пришел сюда, чтобы проводить инквизиционные суды над мусульманами.

Солдаты выходят на сцену, приводят за собой мусульманина.

Солдат:

Мой господин! Мы нашли этого.

Постепенное затемнение на сцене.

Четвертая Сцена

Освещением заднего занавеса показываются тени закованных цепями мусульман в сопровождении испанских солдат. Освещение переносится на Правдоискателя и Очевидца.

Правдоискатель:

Что это такое? Кто они?

Очевидец:

Это мусульманские жители Гранады. Их гоняют по инквизиционным судам. Ими уничтожено сотни и тысячи невинных мусульман. Горы вокруг города стали выглядеть багряно-красным цветом от такого количества крови, пролитой убиенными мусульманами. Эти горы стали называться Красными горами. Лозунгом инспекционных судов был: «Убитый мусульманин лучше живого». Правы были прогнозы поэта Андалузии Абу аль-Бака Салих Бин Шериф Арренди. «Вчера были Королями в своих домах, А сегодня стали слугами в странах Куфра (Неверия), Еще стали они лишенными цели А теперь они облачились одеждой позора.»

Затемнение на сцене

Пятая Сцена

Голос за кулисами:
Через несколько лет создаются инквизиционные суды.

Занавес открывается. Группу мусульман приводят к судье и священнику. Где-то в стороне в ожидании результата стоит группа мусульман. Один солдат, представляя очередного мусульманина, говорит.

Солдат:
Мы слышали от этого человека, что Ислам наилучшая религия, и что Иисус – это не Бог, а Пророк и Посланник.

Судья:

Мы накажем его сожжением живьем на костре. Взять его!

Мусульманин в ужасе кричит.

Мусульманин:

А где мирное соглашение? А где декларация прав?

А где мирное соглашение? А где декларация прав?

Голос мусульманина постепенно затихает. Его самого выволокли со сцены. Судья и священник хохочут.

Солдат представляет другого мусульманина.

Солдат:

Мы этого мужчину поймали за то, что он сделал обрезание для своих детей, а их назвал мусульманскими именами.

Судья и священник шепотом переговариваются.

Судья:

Казнить! Пронзите его тело раскаленными прутьями.

Мусульманин кричит от дикой боли.

Мусульманин:

А в чем я виноват? Бойтесь Аллаха!

Между нами договора, декларации, соглашения!

Между нами договора, декларации, соглашения!

Между нами договора, декларации, соглашения!

Голос мусульманина постепенно угасает, а его самого выволакивают со сцены. Солдат представляет пожилого мусульманина.

Солдат:

Мы нашли этого человека, держащего пост.

Судья и священник шепотом переговаривают.

Судья:

Казнить! Казнить! Его следует раздавить между двумя деревянными тяжелыми блоками.

Пожилой Мусульманин:

А вы думайте, что такими жестокими мерами сможете уничтожить мусульман? Вы хотите оскорблять и унижать мусульман, и превратить их земли в земли Куфра (Неверия)? Таким образом, вы хотите, чтобы не было Азана, не было Молитв, не было Рамадана, и не было Поста?

Судья:

Вон отсюда из этой страны!

Пожилой мужчина:

Дайте мне выехать, я не вернусь сюда никогда!

Судья:

Нет! Вы будете как образец для всех. Уходите все с этой страны!

Пожилой мужчина:

Вы не сможете вырвать наши корни с этой страны! Если вы вырвете нас с этой земли, то вырастет наше новое поколение.

Судья и священник уходят, а публика остается на сцене.

Люди из толпы стали выкрикивать:

Первый:

Они порвали Коран.

Второй:

Они разрушили мечети.

Третий:

Они превратили мечети в церкви.

Четвертый:

Разграбили наше богатство.

Пятый:

Они насиловали наших женщин.

Шестой:

Они осиротили наших детей.

Вся толпа стала восклицать:

Аллаху Акбар! Аллаху Акбар! Аллаху Акбар!

Пожилой мужчина:

О мусульмане! На Востоке и на Западе земли! Вашего Пророка оскорбляют. Ваш Коран растоптан ногами.

Мусульманин Четвертый:

О община Мухаммада!

О община Мухаммада!

Мусульманин Третий:

О Наш Ислам! О Наш Ислам! О Наш Ислам!

Выходит группа солдат с плетями. Они начинают избивать и хлестать мусульман. На сцене создается столпотворение. Каждый из мусульман, прихватив с собой вещевой мешок, стал удаляться от солдат по кругу под ударами солдатских плеток. При этом солдаты гневно провожали их ударами и пинками.

Солдаты:

Уходите с этой страны!

На сцене театра создается круговое движение солдат и мусульман. Среди мусульман стало раздаваться песнопение.

Мусульмане:

Вернемся! Вернемся! Вернемся!

Занавес опускается

Шестая Сцена

Правдоискатель выходит на сцену из зала. Он восклицает.

Правдоискатель:

Подождите! Подождите! Где суть дела?

Очевидец:

Какого дела?

Правдоискатель:

Моего дела!

Очевидец:

Твоего то дела нет здесь!

И показывает пальцем на книгу.

Правдоискатель:

А где оно?

При этом указывает пальцем голову.

Очевидец:

Да! Твое дело здесь!

При этом также указывает пальцем голову.

Правдоискатель:

Здесь!?

Очевидец:

Да! Скажи мне, ты читал историю?

Правдоискатель:

Да! Читал, когда видел все это своими глазами.

Очевидец:

А её ты понял?

Правдоискатель:

Да! Да!

Очевидец:

Следуй истории, и ты сможешь выиграть свое дело. Понял?

Правдоискатель:

Да! Понял!

Очевидец:

Тогда вернемся, вернемся!

Правдоискатель:

С разрешением Всевышнего Аллаха вернемся, вернемся!

Все действующие актеры этой пьесы вышли на сцену и стали скандировать и просят публику участвовать в гимне.

Все вместе скандируют:

Вернемся! Вернемся! Вернемся! Вернемся!

Занавес опускается

Конец

www.ingramcontent.com/pod-product-compliance
Ingram Content Group UK Ltd.
Pitfield, Milton Keynes, MK11 3LW, UK
UKHW021958190726
13853UKWH00004B/1605

9 789948 406389